I0008562

EDSON BRANDI

KINDLE: COMO FORMATAR E PUBLICAR SEU LIVRO

Um guia passo a passo para iniciantes

1ª Edição
São Paulo
2013

Dedico este livro a minha esposa Virginia e aos meus filhos Natália e Artur, sem o apoio e a paciência deles esta obra não teria sido possível.

APRESENTAÇÃO

A chegada da Amazon ao Brasil marca o início de uma nova fase do mercado literário brasileiro, pois junto com o Kindle (dispositivo portátil dedicado à leitura de livros eletrônicos) a empresa de Jeff Bezos traz ao nosso país o Amazon KDP (http://goo.gl/azO0c), o seu programa de publicação direta.

A partir de agora qualquer pessoa pode publicar um livro e comercializá-lo na maior livraria online do planeta, e para isto basta possuir uma versão do seu documento original em um formato suportado pelo Kindle.

Ao publicar seu livro na plataforma da Amazon ele passará a ser comercializado imediatamente em todo o mundo e você irá receber royalties de até 70% sobre as vendas que realizar, tudo isso sem nenhum tipo de burocracia ou de intermediários.

O objetivo deste livro é auxiliá-lo no processo de formatação e conversão do seu original para que o mesmo possa ser comercializado na plataforma de e-books da Amazon.

Ele foi escrito no formato de um guia passo a passo, o qual irá guiá-lo por todo o processo necessário para se tornar um autor independente. O livro possui mais de 80 figuras que visam facilitar o seu entendimento de cada etapa.

O processo de formatação sugerido neste guia requer o uso do editor de textos Microsoft Word 2007 ou 2010, e os procedimentos descritos não requerem que o leitor possua nenhum conhecimento prévio das ferramentas que serão utilizadas.

Esta obra não tem por objetivo abordar de forma exaustiva os temas envolvidos na formatação e publicação de um livro digital na plataforma da Amazon, mas ao final deste documento o leitor terá o conhecimento necessário para:

- Estruturar e dividir de forma lógica o conteúdo de um e-book
- Formatar um documento no MS Word e para convertê-lo para o formato de e-book
- Criar e configurar uma conta na plataforma de publicação direta da Amazon
- Publicar e vender um e-book na plataforma da Amazon

- Obter um código ISBN próprio para a sua obra
- Registrar sua obra junto ao Escritório de Direitos Autorais (EDA) da Biblioteca Nacional

Não existe uma ordem obrigatória para a leitura dos capítulos deste livro, ele pode ser lido na ordem que você desejar.

Boa Leitura e boa sorte!

Edson Brandi

SUMÁRIO

Capítulo 1 - Como estruturar seu e-book 1

Capítulo 2 - Como formatar seu e-book 7

Capítulo 3 - Como converter seu original para o formato de e-book 29

Capítulo 4 - Como publicar seu e-book..43

Anexo I - Como obter um código ISBN...65

Anexo II - Como registrar o seu livro 67

Sobre o Autor...71

CAPÍTULO 1 - COMO ESTRUTURAR SEU E-BOOK

Ao formatar seu original para ser comercializado na plataforma da Amazon, você deverá estruturar seu e-book da mesma forma como faria com um livro convencional.

Todo livro é composto por elementos pré-textuais, textuais e pós-textuais.

Muitos dos elementos descritos neste capítulo são de uso opcional por parte do autor, e você deverá fazer uso daqueles que fizerem sentido e que melhor se adequarem ao tipo de material que está escrevendo.

Elementos pré-textuais

Elementos pré-textuais são aqueles que precedem o texto propriamente dito em um livro, auxiliando na sua apresentação ao leitor.
Os elementos mais comuns estão detalhados nesta seção.

Capa

A atribuição de uma capa é opcional na plataforma de publicação direta da Amazon, se você optar por não utilizar uma capa o sistema irá atribuir uma capa genérica ao seu e-book.

Caso você opte por atribuir uma capa ao seu documento, o que eu recomendo fortemente pois nunca se esqueça de que um livro é julgado pela sua capa, ela não deverá ser inclusa no corpo do seu documento durante a formatação.

Durante o processo de publicação você será solicitado a efetuar o upload do arquivo com a imagem da capa, a qual deverá estar no formato jpeg ou tiff.

A relação altura/largura ideal para a imagem é de 1.6, sendo que o tamanho mínimo aceitável para o lado mais comprido é de 1.000 pixels. Para um melhor resultado a Amazon recomenda que a imagem da capa tenha as dimensões de 1563 x 2500 pixels.

Você deve dedicar uma atenção especial ao processo de criação da imagem que irá utilizar como capa, ela irá afetar diretamente as decisões de compra dos leitores. Ter uma capa de alta qualidade e com design profissional ajudará a inspirar confiança no leitor, estimulando as vendas do seu livro.

Durante a idealização da sua capa, lembre-se que ao contrário do que ocorre em um livro impresso, ela será visualizada na maior parte das vezes como uma miniatura e que o seu e-book não terá uma lombada, uma orelha e tão pouco uma contra capa.

Evite o uso de traçados muito finos nos desenhos e de fontes muito pequenas, pois os mesmos podem se perder quando a imagem for reduzida, tornando sua capa ineficiente.

Se possível recorra aos serviços de um profissional de designer gráfico para obter uma capa profissional, o custo de uma capa criada por um profissional oscila de R$ 100 a R$ 500 e é um investimento de retorno garantido.

Existem diversos estúdios de design especializados na criação de capas para livros digitais. Visite seus websites para conhecer exemplos dos seus trabalhos anteriores e para solicitar um orçamento para a criação de uma capa personalizada.

Uma busca no Google pelas palavras "e-book cover design" é um bom ponto de partida para encontrar estes profissionais, veja alguns exemplos:

- Ronnell D. Porter Book Cover Design - http://goo.gl/9Z2U2
- Joe Simmons Illustration - http://goo.gl/mwIrI
- Streetlight Graphics - http://goo.gl/EL664
- ebookindiecovers - http://goo.gl/nmHnQ

Se optar por criar pessoalmente a sua imagem, saiba que existem diversos websites na internet que oferecem ferramentas destinadas a ajudá-lo no processo de criação de capas com aspecto profissional, muitos delas são gratuitas. Veja alguns exemplos:

- MyEcoverMaker - http://goo.gl/8mAoN
- The Cover Designer - http://goo.gl/rYRh9

Folha de Rosto

A folha de rosto é um elemento pré-textual obrigatório em um e-book formatado para o Kindle.

Ela deve conter as seguintes informações:
- Autor
- Título e Subtítulo (se houver)
- Edição
- Local
- Nome do Editor
- Ano da publicação

As informações devem ser exibidas com alinhamento centralizado.

A folha de rosto que você irá entregar na Agência Brasileira do ISBN, durante o processo descrito no Anexo I para obtenção do número ISBN para o seu e-book deverá conter estas mesmas informações.

Página de Direitos Autorais

A página de direitos autorais é opcional e caso exista deverá vir imediatamente após a folha de rosto e deve conter as informações referentes ao seu direito autoral em relação à obra.

Ficha Catalográfica

A presença da ficha catalográfica, elaborada segundo o padrão internacional CIP e em conformidade com artigo 6 do Capítulo 3 da Lei do Livro, é obrigatória para todos os livros impressos publicados no Brasil. Ela é opcional para um e-book.

O objetivo da ficha é apresentar em um único local todas as informações necessárias para a catalogação da obra, tais como:

- Nome do Autor
- Editora
- Ano de Publicação
- ISBN
- Assunto

Estas informações visam auxiliar as bibliotecas no processo de seleção e compra dos seus acervos, bem como facilitar a divulgação da obra perante os seus usuários.

Caso deseje incluir uma ficha catalográfica no seu e-book, ela poderá ser obtida junto a Câmara Brasileira do Livro - http://goo.gl/iqnhO.

Para solicitar a ficha você deverá se associar a CBL e apresentar os seguintes documentos em formato impresso:

- Formulário de solicitação
- Página de Rosto
- Página de Direitos Autorais
- Sumário
- As 15 páginas iniciais do livro
- Comprovante original de pagamento da taxa administrativa

O prazo para geração da ficha normalmente é de 5 dias úteis, contados da entrega do material.

Para maiores detalhes consulte o web site da CBL.

Página de Dedicatória

A página de dedicatória é opcional e é o local no qual o autor dedica a obra a alguém, normalmente um familiar ou outra pessoa que o autor deseje homenagear.
Caso exista ela deverá vir logo após a página com a ficha catalográfica.

Agradecimentos

A página de agradecimento é opcional, e normalmente traz menções que o autor faz a pessoas e/ou instituições que o ajudaram durante o processo de criação da obra.
O autor pode optar por incluir os agradecimentos na página de apresentação caso o livro possua uma.

Prefácio

O prefácio é opcional, e constitui-se de uma análise ou esclarecimento sobre a obra e é normalmente escrito por uma pessoa de reconhecida competência e autoridade sobre o tema abordado no livro, com o objetivo de dar ao leitor uma melhor visão sobre o que esperar do seu conteúdo.
Para que o leitor possa avaliar se um livro tem ou não um conteúdo que lhe interessaria, a loja da Amazon permite que os usuários façam o download de uma amostra gratuita dos e-books, a qual contém 10% do conteúdo do livro, para auxiliá-los na sua decisão de compra.
Por estar localizado no início da obra, a menos que o seu livro seja muito pequeno, o prefácio fará parte da amostra que o seu comprador em potencial irá obter de forma gratuita.
Por este motivo é extremamente importante que seu livro tenha um bom prefácio, um que apresente uma visão imparcial e precisa sobre o conteúdo do seu livro e que seja assinado por alguém que tenha condições de transmitir credibilidade ao seu trabalho.

Apresentação

A apresentação é o texto no qual o Autor apresenta a sua obra ao leitor e a justifica, indicando a sua finalidade e informando ao leitor quais tópicos serão abordados ao longo do livro.

Esta parte do livro também pode trazer os agradecimentos do autor aos colaboradores que o ajudaram na criação da obra.

É um elemento opcional, mas de extrema importância para auxiliar o leitor na sua decisão de compra, principalmente se o seu livro não possuir um prefácio.

Sumário

O sumário é um elemento obrigatório e é composto de uma listagem dos capítulos e das seções do seu livro, os quais devem ser listados na ordem em que aparecem na sua obra.

Ele deve vir após o prefácio e/ou apresentação caso existam.

Elementos textuais

Os elementos textuais nada mais são do que o conteúdo propriamente dito da sua obra, e normalmente é composto por 3 partes lógicas:

- Introdução
- Desenvolvimento
- Conclusão

Normalmente os capítulos de um livro não são divididos de forma a deixar explícita a segmentação acima.

Elementos pós-textuais

Elementos pós-textuais são aqueles que sucedem o texto propriamente dito de um livro, complementando as informações que foram apresentadas anteriormente ao leitor.

Os elementos pós-textuais mais comuns são:

- Apêndices e/ou Anexos
- Referências Bibliográficas
- Glossário
- Índice

CAPÍTULO 2 - COMO FORMATAR SEU E-BOOK

Ao longo deste capítulo você irá descobrir como formatar um documento no **Microsoft Word,** para que ele possa ser convertido com sucesso em um e-book destinado a comercialização na loja online da Amazon.

As figuras ilustrativas que auxiliam na descrição dos passos necessários foram capturadas no Microsoft Word 2007, porém os procedimentos descritos também são válidos para as versões mais recentes do editor.

Visualizando os elementos ocultos de formatação

Existem muitos elementos de formatação em um documento do MS Word que são por padrão elementos invisíveis aos olhos do usuário.

É recomendado que você trabalhe a formatação do seu original com estes elementos visíveis, de forma a ter um maior controle sobre o resultado final.

Para poder visualizar estes elementos será necessário habilitar a opção **"Mostrar Tudo"**, que existe na seção **"Parágrafo"** da aba **"Iniciar"**.

Para ativar esta opção, basta clicar no botão exibido na figura 2.1 abaixo.

Figura 2.1 - Ativando a opção de Mostrar Tudo

Ao ativar esta opção, todos os elementos ocultos de formatação passarão a serem exibidos, os *tabs* serão mostrados como pequenas setas (→), os espaços serão apresentados como pontos alinhados no meio da linha (·) e o final de cada parágrafo será marcado com o símbolo ¶ .

O único lugar do seu documento no qual você deverá visualizar este símbolo é no final de um título, de um parágrafo, de uma imagem, de uma tabela, etc.

Se este símbolo aparecer sozinho em uma linha significa que você deixou uma linha em branco no seu original, o que não é recomendado, pois isto irá gerar grandes espaços em branco no seu e-book, prejudicando a leitura do mesmo.

Títulos, Subtítulos e Títulos de Seções

Um item muito importante na formatação do seu livro é a padronização do estilo aplicado aos títulos, subtítulos e nomes de seções ao longo do seu original.

Ao padronizar o estilo aplicado a estes elementos você poderá utilizar o recurso de criação automática de sumários existente no MS Word para gerar esta seção do seu livro.

Felizmente o MS Word já traz por padrão estilos destinados à formatação destes elementos de texto, os quais você poderá inclusive usar como modelo para criar seus próprios estilos caso prefira usar algo diferente.

Os elementos de estilo podem ser acessados a partir da barra de ferramentas do MS Word, na aba *Início*.

Figura 2.2 - Aba Início

Títulos

O título dos seus capítulos devem ser formatados com o estilo *"Título 1"*, para isto basta selecionar a frase desejada e clicar no respectivo estilo na barra de ferramentas conforme exibido na figura 2.3.

Figura 2.3 - Estilo Título 1

Subtítulos

Os subtítulos por sua vez devem ser formatados com o estilo *"Título 2"*, o processo a ser aplicado é o mesmo descrito acima.

Figura 2.4 - Estilo Título 2

Seções

Já os nomes de seções devem ser formatados com o estilo **"Título 3"**, para isto você deve primeiro rolar os estilos exibidos na barra de ferramentas, como mostrado na figura 2.5, para visualizar as outras opções.

Figura 2.5 - Rolagem da barra de Estilo

E depois clicar no respectivo estilo, como mostrado na figura 2.6.

Figura 2.6 - Estilo Título 3

Parágrafos

Os parágrafos normais do seu livro devem ser formatados utilizando o estilo **"Normal"**, que é o estilo padrão do MS Word.

Figura 2.7 - Estilo Normal

Por padrão este estilo alinha do texto à *esquerda*, o que não é recomendado para um e-book. Sempre que possível opte por exibir os parágrafos em modo *justificado*, isso dará uma aparência mais profissional ao e-book.

Para justificar os seus parágrafos você pode optar por alterar o comportamento padrão do estilo **"Normal"**, ou então optar por reformatar manualmente os parágrafos depois que terminar de escrever.

Ambas as opções funcionam bem, a vantagem de alterar diretamente o estilo **"Normal"** é que todo novo parágrafo que você vier a escrever e todos os que você já escreveu usando este estilo já ficarão com a formatação correta, evitando inconsistências na formatação do seu documento, que poderiam vir a ocorrer durante uma reformatação manual posterior.

A forma mais simples de efetuar a alteração do comportamento padrão de um estilo é formatar um parágrafo qualquer do seu documento para que seja exibido da forma como você deseja e então vincular a formatação do mesmo ao estilo desejado.

Para proceder com este ajuste, primeiro selecione um parágrafo qualquer do seu texto e depois mantendo o cursor sobre o texto selecionado clique com o botão direito do mouse, ao fazer isto será exibido o menu da figura 2.8.

Figura 2.8 - Menu de edição

Neste menu, clique na opção **"Parágrafo"**. Será exibida uma tela com as opções de alinhamento, recuo e espaçamento do texto.

Para justificar o texto do parágrafo que você selecionou, escolha a opção **"Justificada"** na seção **"Alinhamento"**, como mostrado na figura 2.9.

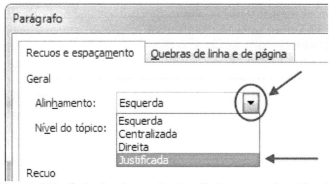
Figura 2.9 - Seleção da opção de alinhamento justificado

Caso você deseje que a primeira palavra de cada parágrafo tenha um recuo e comece em uma coluna diferente do restante das linhas, você não deverá utilizar a tecla **Tab** para fazê-lo, pois isto irá gerar inconsistências na formatação final do seu e-book.

Vamos aproveitar que já estamos na tela de formatação de parágrafos para ajustar a opção de recuo.

Para ajustar este comportamento basta selecionar a opção *"Primeira linha"*, no item *"Especial"* da seção *"Recuo"*, como pode ser visto na figura 2.10.

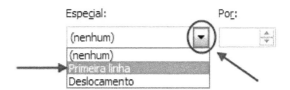
Figura 2.10 - Seleção da opção de recuo para a 1ª linha

E depois definir qual o tamanho do recuo desejado. O valor de 0,5 cm é suficiente para um e-book.

Figura 2.11 - Escolha do valor de recuo

Depois de efetuar todos os ajustes desejados clique no botão *"OK"* para aplicar as alterações ao texto.

Se você estiver utilizando um documento que já estava em formato do Microsoft Word, e neste documento você tiver feito uso de tabs para identar seu texto, você deverá remover os tabs, e realizar a identação como explicado acima. Lembre-se que um e-book também não suporta o uso de cabeçalhos e de rodapés, se o seu original possuir estes elementos, você deverá removê-los antes de proceder com a conversão. Não esqueça de fazer uma cópia de segurança do seu arquivo original antes de efetuar alterações em sua formatação.

O próximo passo será atualizar o estilo *"Normal"* a partir da formatação que você acabou de realizar. Para isto mantenha o texto selecionado e posicione o cursor do mouse sobre o botão de estilo *"Normal"* na barra de ferramentas e clique com o botão direito do mouse. Depois clique na opção *"Atualizar Normal para Corresponder a Seleção"*, como mostrado na figura 2.12.

Figura 2.12 - Atualização do estilo Normal

Ao clicar nesta opção todos os parágrafos do seu documento que foram escritos utilizando o estilo "Normal" e todos os que vierem a ser escritos no futuro, seguirão este novo padrão de formatação.

Caso opte por não alterar o estilo e prefira alterar a formatação dos seus parágrafos de forma manual, editando diretamente o corpo do documento, recomendo que você efetue a seleção do texto que será alterado através da barra de estilo, de forma que você não se esqueça de alterar nenhuma parte do documento.

Para isto basta clicar com o botão direito do mouse sobre o botão de estilo *"Normal"* na barra de ferramentas e escolher a opção *"Selecionar Todas as Instâncias de ...."*, como exibido na figura 2.13.

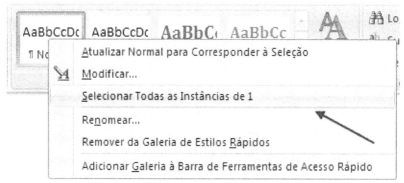

Figura 2.13 - Seleção de texto com base no estilo

Ao escolher esta opção o MS Word irá selecionar todos os parágrafos do seu documento que estejam utilizando o estilo *"Normal"*, e então você poderá aplicar todos os ajustes que deseja de uma única vez.

Quebra de Página

Você deverá utilizar o recurso de quebra de páginas do MS Word para marcar o fim de cada parte e de cada capítulo do seu livro.

Desta forma cada capítulo do seu e-book irá iniciar em uma nova tela, deixando-o melhor organizado e proporcionando uma melhor experiência de leitura para o seu público.

Para inserir uma quebra de página você deve clicar com o botão esquerdo do mouse na posição imediatamente anterior ao símbolo ¶ existente no final do último parágrafo de cada capítulo, e então clicar no botão "Quebra de Página" que existe na seção "Páginas" da aba "Inserir" do menu de ferramentas do MS Word, mostrado na figura 2.14.

Figura 2.14 - Inserindo uma quebra de página

Ao clicar neste botão, o seu documento irá exibir uma marcação como a mostrada na figura 2.15, indicando que a linha seguinte do documento deverá ser impressa em uma nova página, no caso do seu e-book, de que deverá ser exibida em uma nova tela.

Última·linha·do·capítulo·1.¶

·················Quebra de página·················

¶

Primeira·linha·do·capítulo·2.¶

Figura 2.15 - Marca de quebra de página

Imagens

O Kindle suporta imagens nos formatos gif e jpeg, caso sejam inseridas imagens em outros formatos (png, bmp, tiff, etc) as mesmas serão convertidas automaticamente para o formato jpeg. Por ser uma conversão automatizada estas imagens podem não ficar otimizadas.

Para que você tenha um maior controle sobre o resultado da conversão do seu original para o formato de e-book, opte sempre por utilizar imagens no formato jpeg.

Ao salvar as suas imagens utilize sempre um fator de compressão que apresente um bom equilíbrio entre a qualidade da mesma e o tamanho final do arquivo, não existe um número mágico para alcançar este equilíbrio, pois ele irá variar de imagem para imagem.

A busca deste equilíbrio é importante, pois o valor dos royalties repassado pela Amazon para cada e-book vendido é calculado sobre o valor de venda subtraído do custo de entrega.

O custo de entrega varia com o tamanho do e-book e normalmente as imagens representam mais de 90% do tamanho do arquivo final que você irá comercializar, logo o uso de imagens não otimizadas irá afetar diretamente a sua rentabilidade.

Desta forma é de vital importância que você otimize toda e qualquer imagem que vier a incluir no seu livro.

Agora que já sabe da importância de utilizar apenas imagens otimizadas, vamos ao processo de inserção propriamente dito.

Para inserir imagens em seu documento não basta copiar e colar as mesmas no corpo do documento, se fizer isto as imagens não serão exportadas corretamente quando você estiver preparando o seu original para upload na plataforma da Amazon.

A forma correta de inserir uma imagem é utilizando a função *"Inserir imagem do arquivo"*, localizada na seção *"Ilustrações"* da aba *"Inserir"* do MS Word.

Para inserir uma imagem em seu documento basta clicar no botão indicado na figura 2.16.

Figura 2.16 - Inserindo uma imagem

Ao clicar neste botão você irá visualizar a tela exibida na figura 2.17 a qual lhe permitirá selecionar a imagem que deseja inserir.

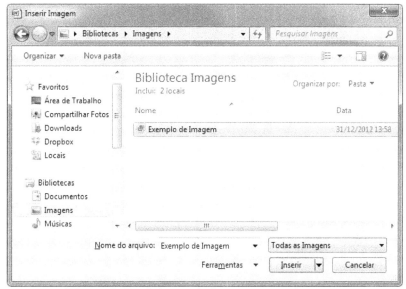

Figura 2.17 - Seleção da imagem para inserção

Após selecionar o arquivo desejado, basta clicar no botão *"Inserir"*.

Depois de inserir a imagem em seu documento você deverá ajustar o seu alinhamento, para uma melhor visualização a Amazon recomenda que todas as imagens de um e-book sejam apresentadas com o alinhamento centralizado.

Para centralizar uma imagem basta selecioná-la e depois clicar no botão *"Centralizar"*, existente na seção *"Parágrafo"* da aba *"Início"*, como mostrado na figura 2.18.

Figura 2.18 - Centralizando a imagem

A Amazon também recomenda que todas as figuras do seu e-book sejam acompanhadas de uma legenda para facilitar o entendimento do leitor.

Para inserir uma legenda basta clicar na imagem desejada com o botão direito do mouse e escolher a opção *"Inserir Legenda..."* no menu que será exibido, conforme ilustrado na figura 2.19.

Figura 2.19 - Inserir legenda

Ao fazer isto você irá visualizar a janela mostrada na figura 2.20, na qual você poderá digitar o texto da legenda, bem como poderá definir qual o rótulo e em qual posição a legenda deve ser exibida.

Figura 2.20 - Formatando a Legenda

A figura 2.21 mostra como será exibida a legenda configurada na figura 2.20.

Figura 1 - Exemplo de Legenda

Figura 2.21 - Exemplo de legenda

A principal vantagem de se inserir as legendas desta forma é que o MS Word irá ajudá-lo com a numeração das imagens, o que simplifica bastante o processo e ajuda a evitar confusões.

Hiperlinks

A possibilidade de se utilizar hiperlinks em um e-book permite que o autor compartilhe com seus leitores links de acesso à referências externas ao seu livro, enriquecendo a experiência do leitor.

O processo para inserção de um hiperlink é bastante simples e é realizado através do botão *"Inserir Hiperlink"* existente na seção *"Links"* da aba *"Inserir"*.

Basta posicionar o cursor no local desejado e pressionar o botão conforme ilustrado na figura 2.22.

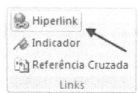

Figura 2.22 - Inserir Hiperlink

Ao pressionar o botão você irá visualizar a tela exibida na figura 2.23

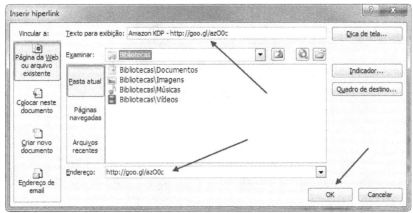

Figura 2.23 - Configurando um hiperlink

Nesta tela você deverá digitar o texto que será exibido no documento e o endereço ao qual o usuário será direcionado quando clicar no hiperlink.

Para inserir um hiperlink para um website ou para um documento externo você deve selecionar a opção *"Página da Web ou arquivo existente"* na coluna *"Vincular a"* e depois digitar as informações do link desejado, clicando em *"OK"* para finalizar a inserção.

Um hiperlink será criado no seu documento com as informações que você forneceu, como mostrado na figura 2.24 abaixo.

Amazon KDP - http://goo.gl/azO0c

Figura 2.24 - Exemplo de hiperlink

Para incluir um hiperlink para qualquer ponto interno do seu livro você deve selecionar a opção *"Colocar neste documento"* na coluna *"Vincular a"* exibida na figura 2.23, ao escolher esta opção o MS Word irá lhe apresentar uma lista com todos os pontos do documento que foram marcados com um dos estilos de título descritos no início deste capítulo, escolha o ponto desejado, digite o texto que quer utilizar para o link e clique em *"OK"* para finalizar.

Caso você esteja com algum texto selecionado em seu documento no momento em que clicar no botão *"Hiperlink"* exibido na figura 2.22, o campo *"Texto para exibição"* exibido na figura 2.23 virá pré-preenchido com o texto que estava selecionado.

18

Como nem todos os modelos do Kindle possibilitam que o usuário navegue na internet, a inserção de um link externo que não exiba a URL a que ele se refere teria pouca utilidade e frustraria seus leitores.

Desta forma você sempre deverá indicar a URL de destino juntamente com o texto descritivo do seu hiperlink.

Para simplificar a exibição de endereços muito longos você deve sempre que possível fazer uso de uma ferramenta de encurtamento de URLs para tornar a mesma mais compacta, facilitando a digitação pelo leitor.

Um exemplo de uso deste tipo de URL pode ser visto no primeiro parágrafo da apresentação deste livro.

Para evitar que o seu e-book seja distribuído com URLs inválidas é importante que você utilize uma ferramenta confiável de encurtamento de URLs.

Existem muitas que atendem a este pré-requisito, para este livro escolhi a ferramenta disponibilizada pelo Google, além de bastante confiável ela oferece informações em tempo real sobre numero de clicks que o link recebeu. Ela pode ser acessada pelo URL http://goo.gl/.

Para fazer uso desta ferramenta basta abrir a URL acima no seu navegador preferido e digitar a URL que deseja encurtar no campo especifico e depois clicar no botão *"Shorten URL"*, como mostrado na figura 2.25.

Figura 2.25 - Encurtador de URLs

A menos que você esteja logado com uma conta do Google, você irá precisar preencher um captcha, como o mostrado na figura 2.26, antes que a sua URL seja encurtada.

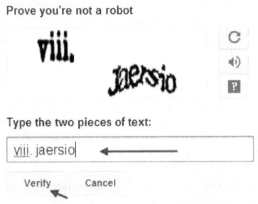

Prove you're not a robot

viii.

jaersio

Type the two pieces of text:

viii. jaersio

Verify   Cancel

Figura 2.26 - Verificação do captcha

Após preencher corretamente o captcha e clicar no botão *"Verify"*, a ferramenta irá lhe exibir a URL encurtada, como exibido na figura 2.27.

http://goo.gl/azO0c

0 minute ago - details
http://kdp.amazon.com/

Figura 2.26 - URL encurtada

Lembre-se de testar todos os seus links antes de submeter o livro final para a plataforma da Amazon

Marcadores e Listas Numeradas

Sempre que possível opte pelo uso de listas numeradas, já que os marcadores do tipo *bullet points* não são convertidos de forma correta e não é possível controlar a forma como serão exibidos no seu e-book.

Se você fizer questão de utilizar uma lista de bullet points, considere a possibilidade de utilizar uma pequena imagem no inicio de cada linha para representar o marcador.

As listas numeradas por sua vez funcionam muito bem em toda a família de leitores Kindle.

Para inserir uma lista numerada, basta posicionar o cursor no ponto desejado e clicar no botão *"Numeração"* existente na seção *"Parágrafo"* da aba *"Início"*, como mostrado na figura 2.27.

Figura 2.27 - Listas Numeradas

O estilo padrão das listas numeradas no MS Word pode ser visto na figura 2.28.

1. Laranja
2. Banana
3. Melão

Figura 2.28 - Exemplo de lista numerada

Caso você queira utilizar outro estilo de lista numerada, basta clicar no triângulo marcado pelo box exibido na figura 2.27, que será exibida uma lista dos estilos disponíveis, conforme ilustrado na figura 2.29.

Figura 2.29 - Estilos de Listas Numeradas

Basta clicar no estilo desejado para ativá-lo.

Tabelas

O uso de tabelas não é suportado nas versões de baixa resolução do Kindle, de forma que se desejar inserir uma tabela em seu livro você deverá fazê-lo através do uso de uma imagem para ter certeza de que ela será visualizada da mesma forma em todos os modelos do dispositivo da Amazon.

As versões de alta resolução do Kindle, bem como a versão em software do leitor, suportam normalmente o uso de tabelas.

Caso você opte por inserir uma tabela em seu livro sem fazer uso de uma imagem, basta seguir os passos abaixo.

Posicione o cursor no local desejado e clique no botão *"Tabela"* existente na seção *"Tabelas"* da aba *"Inserir"*, como mostrado na figura 2.30.

Figura 2.30 - Tabelas

Depois basta selecionar a opção **"Inserir Tabela..."** conforme ilustrado na figura 2.31.

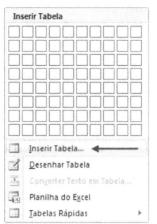

Figura 2.31 - Inserir tabela

Ao selecionar esta opção será exibida a tela da figura 2.32, na qual você poderá configurar as dimensões da tabela desejada.

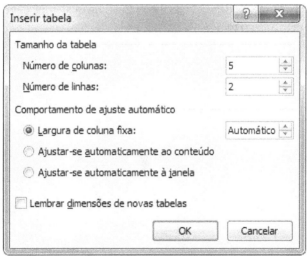

Figura 2.32 - Configurando a tabela

De preferência ao uso de estilos simples na formatação da sua tabela, isso irá aumentar as chances de que ela seja visualizada corretamente na versão final do seu e-book.

Sumário

O MS Word possui uma funcionalidade que lhe permite gerar de forma automática um sumário com hiperlinks para as principais áreas do seu documento.

A existência destes links irá facilitar a navegação dos leitores pelo conteúdo do seu livro.

Para gerar e inserir um sumário no seu documento posicione o cursor no local desejado, e clique no botão *"Sumário"* existente na seção *"Sumário"* na aba *"Referências"*, como ilustrado na figura 2.33.

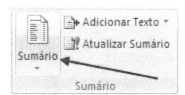

Figura 2.33 - Sumário

Ao fazê-lo será exibida a tela da figura 2.34, na qual você deverá clicar na opção *"Inserir Sumário..."*.

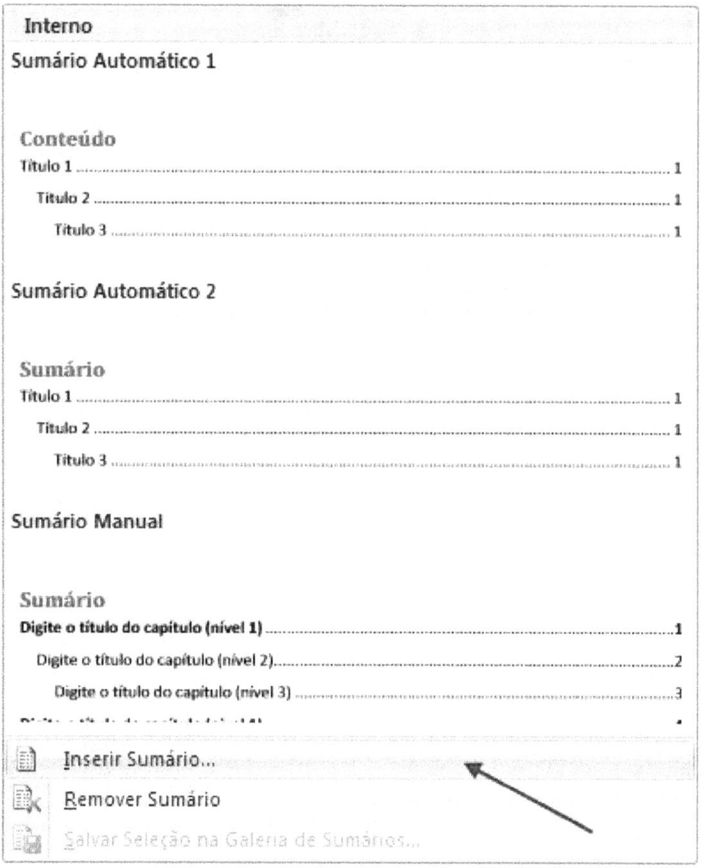

Figura 2.34 - Inserção de sumário

Ao escolher esta opção será exibida a tela de configuração do sumário, exibida na figura 2.35.

Figura 2.35 - Configuração do sumário

Nesta tela, devemos desmarcar o box referente a opção *"Mostrar números de página"* e marcar o box da opção *"Usar hiperlinks em vez de números de páginas"*.

Nesta mesma tela devemos definir qual será a hierarquia do sumário que desejamos criar ajustando o número na opção **"Mostrar níveis"**. Por exemplo, se definirmos este valor para 1, apenas os elementos de texto do documento marcados com o estilo **"Titulo 1"** serão inclusos no sumário.

Depois que efetuar os ajustes, basta clicar no botão **"OK"** para que o sumário do seu livro seja gerado. Um exemplo da aparência de um sumário gerado desta forma pode ser visto na figura 2.36.

Formatação dos Elementos Básicos

Títulos

Subtítulos

Subseções

Figura 2.36 - Exemplo de sumário

Caso você efetue alguma alteração no documento que afete algum elemento de texto que faça parte do sumário, tal como a alteração do nome de algum capítulo ou mesmo a criação de uma nova seção, você deverá atualizar o seu sumário.

Para isto basta clicar no botão *"Atualizar Sumário"* existente na seção *"Sumário"* na aba *"Referências"*, como ilustrado na figura 2.37.

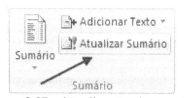

Figura 2.37 - Atualização do sumário

Não se esqueça de inserir uma quebra de página logo após o sumário gerado para o seu livro.

CAPÍTULO 3 - COMO CONVERTER SEU ORIGINAL PARA O FORMATO DE E-BOOK

Antes que você possa realizar a conversão do seu original para o formato de e-book suportado pelo Kindle, você terá que converter o seu documento do MS Word para o formato HTML. Este capítulo irá lhe ajudar neste processo.

Exportando seu original para o formato HTML

Para efetuar a conversão do seu original para o formato HTML você deverá clicar no *"Botão Office"* (indicado pelo número 1) e no menu que será apresentado na sequência deverá clicar na opção *"Salvar Como"* (indicado pelo numero 2), e por último escolha a opção *"Outros Formatos"* (indicado pelo numero 3), conforme exibido na figura 3.1 abaixo.

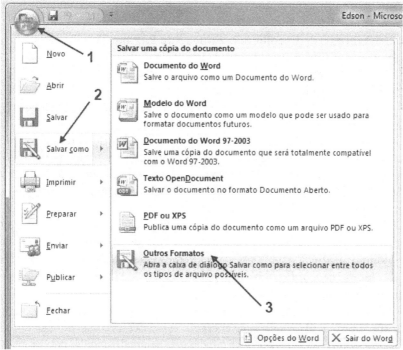

Figura 3.1 - Salvar como HTML

Ao escolher esta opção o MS Word irá exibir a tela ilustrada na figura 3.2.

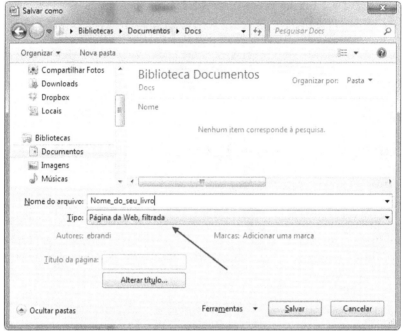

Figura 3.2- Escolhendo a opção de Página Web Filtrada

Nesta tela, você deverá escolher um nome para o seu arquivo e o diretório no qual ele será armazenado.

No campo *"Tipo"*, escolha a opção *"Página da Web, filtrada"*, e clique em salvar.

Ao fazer isto o MS Word irá exibir uma mensagem de alerta informando que ao escolher este formato para o seu documento todas as marcações específicas do Microsoft Office serão removidas do documento. Clique no botão de *"OK"* existente neste alerta para concluir o processo de conversão.

Caso o seu documento contenha imagens ou desenhos, os mesmos serão salvos em um diretório que terá o nome do seu arquivo apendando do complemento *"_arquivos"*, por exemplo, se o seu arquivo for salvo com o nome de *kindle.htm*, as imagens do seu documento serão salvas no subdiretório *kindle_arquivos*.

Mantenha sempre uma cópia do seu arquivo original no formato nativo do MS Word. Toda e qualquer alteração que você precisar efetuar em seu livro no futuro deverá ser realizada neste original, o qual deverá passar novamente por todo o processo de conversão.

Convertendo o arquivo HTML para o formato MOBI

Agora que você já finalizou a formatação do seu livro e já efetuou a sua conversão do formato nativo do MS Word para o formato HTML, está na hora de convertê-lo para o formato de e-book.

Nesta etapa do processo você irá converter o seu arquivo HTML para um formato suportado de forma nativa pelo Kindle, de forma que você possa revisá-lo para certificar-se que ele será exibido da forma correta em todos os dispositivos da família Kindle, antes de prosseguir para a etapa de publicação.

Antes de prosseguir você irá precisar efetuar o download e a instalação do software **Kindle Previewer** a partir do site da Amazon, ele irá lhe permitir converter e pré visualizar o seu livro.

O arquivo de instalação para o sistema operacional Windows tem 159 MB e está disponível para download no URL http://goo.gl/FRmlk.

Instalando o Kindle Previewer

Depois de efetuar o download do arquivo, execute-o para iniciar o processo de instalação.

O processo de instalação é bastante simples e tem apenas 4 etapas, as quais estão ilustradas na sequência de figuras que se seguem.

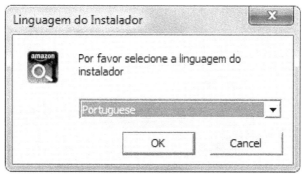

Figura 3.3 - Escolha o idioma do instalador e clique em OK

Figura 3.4 - Aceite a licença do software

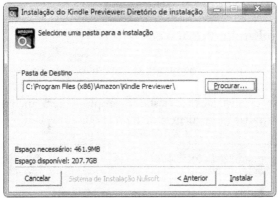

Figura 3.5 - Escolha o diretório de instalação e clique em Instalar

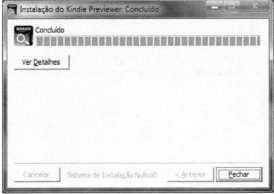

Figura 3.6 - Conclua a instalação clicando em Fechar

Configurando o idioma do Kindle Previewer

Quando executar o Kindle Previewer pela primeira vez você irá visualizar a tela exibida na figura 3.7.

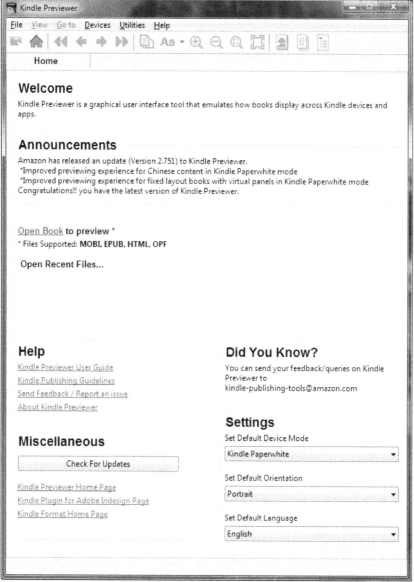

Figura 3.7 - Tela inicial do Kindle Previewer em inglês

Como pode perceber o idioma padrão do aplicativo é o inglês, caso deseje alterar a interface do software para o idioma português, basta clicar no menu *"Utilities"* e depois escolher a opção *"Language"*, como ilustrado na figura 3.8.

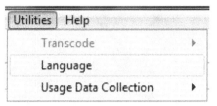

Figura 3.8 - Seleção de idioma

Ao escolher esta opção você irá visualizar a janela exibida na figura 3.9, na qual basta selecionar a opção *"Português"* em *"User Interface Language"* e depois clicar no botão *"Close"* para efetivar a alteração.

Figura 3.9 - Escolhendo o idioma Português

Assim que a janela da figura 3.9 for fechada a interface do Kindle Previewer já estará sendo exibida em português, conforme ilustrado na figura 3.10.

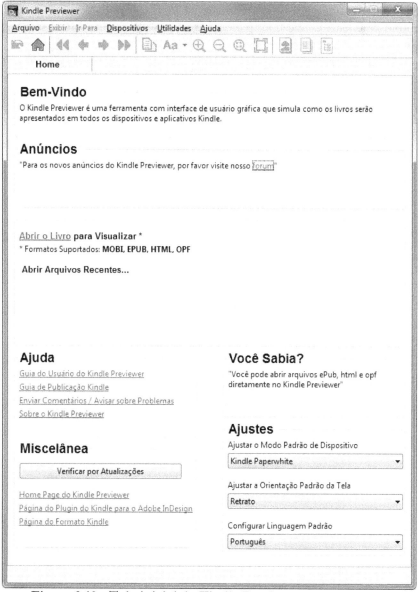

Figura 3.10 - Tela inicial do Kindle Previewer em português

Convertendo o seu arquivo HTML

O uso do Kindle Previewer é bastante simples e com ele você pode pré-visualizar arquivos no formato MOBI, EPUB, HTML e OPF.

Os arquivos no formato MOBI são suportados de forma nativa,

enquanto os arquivos no formato EPUB, HTML e OPF serão automaticamente convertidos para o formato MOBI sempre que o software for utilizado para abri-los.

A conversão é realizada pelo aplicativo de linha de comando *Kindlegen*, o qual é distribuído como parte integrante do pacote do Kindle Previewer.

Para converter o seu livro para o formato MOBI basta abrir o arquivo HTML que você exportou pelo MS Word no início deste capítulo utilizando o Kindle Previewer. Fácil, não?

Para abri-lo você deve clicar no menu *"Arquivo"* e selecionar a opção *"Abrir Livro"*, como mostrado na figura 3.11.

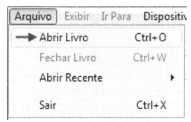

Figura 3.11 - Abrir Livro

Ao selecionar esta opção o software irá exibir a janela mostrada na figura 3.12.

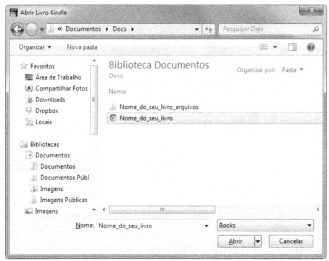

Figura 3.12 - Selecionando o arquivo HTML

Nesta tela basta selecionar o arquivo HTML que contém o seu livro e clicar no botão *"Abrir"*.

Ao fazer isto o Kindle Previewer irá iniciar o processo de conversão utilizando o aplicativo Kindlegen.

Durante o processo de conversão você irá visualizar a tela exibida na figura 3.13, a qual irá apresentar uma mensagem informando que a conversão está em andamento.

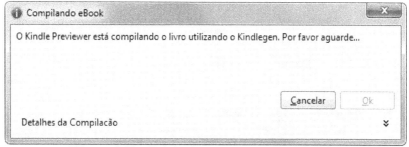

Figura 3.13 - Inicio do processo de conversão

O processo de conversão irá demorar alguns segundos e quando for concluído o software irá lhe informar através de uma mensagem nova mensagem, semelhante a ilustrada pela figura 3.14.

Como o seu livro não possui até o momento nenhuma capa vinculada a ele, é normal que o processo finalize informando que existem avisos. Você não precisa se preocupar com eles.

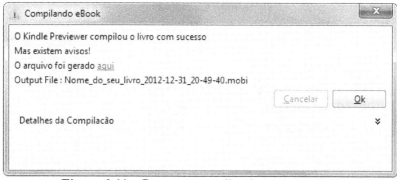

Figura 3.14 - Conversão realizada com sucesso

O arquivo do seu livro no formato MOBI será gerado pelo kindlegen em um subdiretório localizado dentro do mesmo diretório no qual se encontra o seu arquivo HTML.

Por padrão o nome deste subdiretório será sempre o nome do seu arquivo HTML precedido de da palavra *"Compiled-"*, no caso do exemplo acima o nome do diretório criado pelo Kindle Previewer será *"Compiled-Nome_do_seu_livro.htm"*.

Sempre que você abrir o seu arquivo HMTL pelo Kindle Previewer ele irá gerar uma nova versão do arquivo no formato MOBI e cada nova versão irá receber um nome de arquivo diferente.

O nome do arquivo no formato MOBI será composto pelo nome original do seu arquivo sem a extensão ".htm", apendado das informações *"_Ano-Mês-Dia-Hora-Minuto-Segundo.mobi"* referentes ao momento da conversão.

Para visualizar o arquivo convertido basta clicar no botão *"OK"* na tela de status, exibida na figura 3.14.

Por padrão o Kindle Previewer irá exibir o seu livro como se ele estivesse sendo visualizado em um dispositivo do tipo e-ink, mais especificamente pelo modelo Kindle Paperwhite.

Para visualizar a apresentação do seu livro em outro modelo de dispositivo, basta clicar no menu *"Dispositivos"* e selecionar o tipo de dispositivo desejado, como ilustrado na figura 3.15.

Figura 3.15 - Escolha do tipo de dispositivo para emular a visualização

O Kindle Previewer permite simular a visualização nos seguintes dispositivos:

- **Kindle e-ink:** Kindle Paperwhite, Kindle e Kindle DX
- **Kindle Fire:** Kindle Fire e Kindle Fire HD
- **Kindle para IOS:** Kindle para iPhone e Kindle para iPad

Depois que o livro estiver aberto, você poderá navegar normalmente pelo seu conteúdo utilizando os botões da barra de ferramentas, exibida na figura 3.16.

Figura 3.16 - Barra de navegação

Ou então através do menu *"Ir para"*, exibido na figura 3.17.

Ir Para	Dispositivos	Utilidades	Ajuda	
Home				Ctrl+Shift+H
Localização				Ctrl+L
Índice				Ctrl+T
Próxima Página				Seta da Direita
Página Anterior				Seta da Esquerda
Início				Ctrl+S
Capa				Ctrl+R
Troca de Página Automática				Ctrl+Shift+A

Figura 3.17 - Menu de navegação

Revisando o arquivo gerado

Após converter seu original para o formato de um e-book, dedique algum tempo para revisar a sua formatação.

Verifique se ele está sendo exibido de forma correta em todos os dispositivos e aproveite para ler novamente o seu texto em busca de erros gramaticais.

Caso encontre algum erro ou caso não esteja satisfeito com a formatação atual, você deverá voltar ao seu arquivo original em formato MS Word para proceder com os ajustes.

Depois de realizar as alterações necessárias, siga novamente os passos descritos neste capítulo para converter o arquivo e para visualizar se os seus ajustes surtiram efeito.

Preparando o seu original para upload na plataforma da Amazon

Agora que você já revisou o seu livro e está satisfeito com a forma que ele está sendo exibido nos diversos modelos do Kindle, você deve preparar o arquivo que será enviado para a Amazon durante o processo de publicação, o qual iremos abordar no próximo capítulo.

Caso o seu livro não possua imagens, você poderá pular esta seção e avançar para o próximo capítulo, pois o arquivo que será enviado para o sistema da Amazon é o mesmo arquivo HTML que você usou com o Kindle Previewer.

Caso o seu livro possua imagens será necessário criar um arquivo compactado no formato ZIP contendo o arquivo do seu livro em formato HTML e o diretório criado pelo MS Word contendo as suas imagens, será este arquivo compactado que você irá enviar para a Amazon.

Para criar o arquivo compactado abra o programa *"Windows Explorer"* e vá para o diretório onde você salvou o seu arquivo HTML. Selecione o arquivo HTML e o diretório com as imagens como mostrado na figura 3.18, para isto basta pressionar a tecla *"Ctrl"* no seu teclado e clicar com o botão direito do mouse em cada um deles.

Biblioteca Documentos			
Docs			
Nome	Data de modificação	Tipo	Tamanho
Nome_do_seu_livro_arquivos	31/12/2012 17:50	Pasta de arquivos	
Nome_do_seu_livro	31/12/2012 17:50	Chrome HTML Document	5 KB

Figura 3.18 - Seleção dos arquivos do livro

Depois que tiver selecionado o arquivo e o diretório com as imagens, clique neles com o botão esquerdo do mouse.

Será exibido o menu ilustrado pela figura 3.19, selecione a opção **"Enviar para"**.

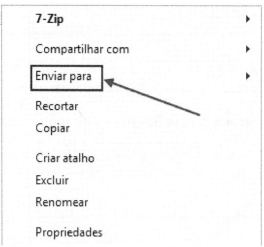

Figura 3.19 - Menu com o "enviar para"

Ao selecionar esta opção será exibido o menu da figura 3.20, escolha a opção *"Pasta compactada"*.

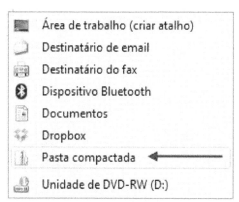

Figura 3.20 - Envie arquivos para uma pasta compactada

Ao escolher esta opção o Windows irá criar um arquivo compactado contendo os arquivos selecionados.

Para finalizar o processo de criação do arquivo compactado devemos escolher um nome para ele, por padrão o Windows irá usar o nome do primeiro arquivo selecionado, como mostrado na figura 3.21.

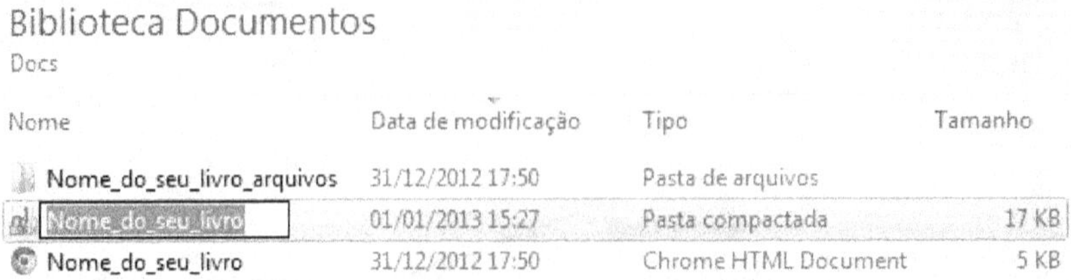

Biblioteca Documentos
Docs

Nome	Data de modificação	Tipo	Tamanho
Nome_do_seu_livro_arquivos	31/12/2012 17:50	Pasta de arquivos	
Nome_do_seu_livro	01/01/2013 15:27	Pasta compactada	17 KB
Nome_do_seu_livro	31/12/2012 17:50	Chrome HTML Document	5 KB

Figura 3.21 - Escolha o nome do arquivo ZIP

Digite o nome desejado e pressione a tecla *"Enter"* para finalizar.
Guarde este arquivo, você irá precisar dele em breve.

CAPÍTULO 4 - COMO PUBLICAR SEU E-BOOK

Neste capítulo iremos abordar o processo de criação e configuração de uma conta na Amazon para uso na plataforma de publicação direta (KDP), bem como o processo de publicação do seu livro.

O processo como um todo é extremamente simples e não deve tomar mais do que 20 minutos do seu tempo.

Como criar a sua conta no Amazon KDP

Se você já possui uma conta na loja da Amazon, ela poderá ser utilizada na plataforma de publicação, se ainda não possui você poderá criar uma agora, o fluxo de navegação é basicamente o mesmo.

Acesse o URL https://kdp.amazon.com e clique no botão *"Entrar"* ou no botão *"Inscrever-se"*.

Entrar com sua conta Amazon

Entrar ▶

Você será conectado por nosso servidor seguro

Não tenho uma conta na Amazon

Inscrever-se ▶

Figura 4.1 - Opte por Entrar ou Inscrever-se

Independente da opção que escolher a tela seguinte será sempre a mesma, conforme ilustrado na figura 4.2.

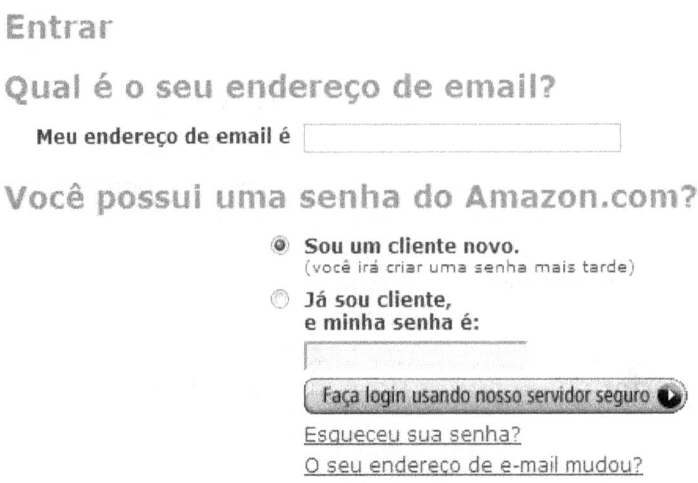

Entrar

Qual é o seu endereço de email?

Meu endereço de email é [_____]

Você possui uma senha do Amazon.com?

◉ **Sou um cliente novo.**
  (você irá criar uma senha mais tarde)

○ **Já sou cliente,
  e minha senha é:**
  [_____]

[Faça login usando nosso servidor seguro ▶]

Esqueceu sua senha?
O seu endereço de e-mail mudou?

Figura 4.2 - Efetue seu login

Caso já tenha uma conta na Amazon, preencha o campo *"Meu endereço de email é"* com o seu endereço de email e selecione a opção *"Já sou cliente, e minha senha é"* para habilitar o campo de senha, digite a sua senha e clique no botão *"Faça login usando nosso servidor seguro"*. Ao clicar no botão você será redirecionado para tela inicial da plataforma KDP e para continuar terá que aceitar o contrato exibido na figura 4.4.

Caso você ainda não tenha uma conta na Amazon, digite o seu email no campo *"Meu endereço de email é"*, selecione a opção *"Sou um cliente novo"* e clique no botão *"Faça login usando nosso servidor seguro"*. Ao clicar no botão você será redirecionado para página de cadastro, exibida na figura 4.3 abaixo.

Registro

É novo na Amazon.com? Registre-se abaixo.

Meu nome é: [_____]

Meu endereço de email é: [_____]

Digite novamente: [_____]

Proteja suas informações com uma senha

Esta será sua única senha na Amazon.com

Insira uma nova senha: [_____]

Digite novamente: [_____]

[Criar conta]

Figura 4.3 - Efetue seu cadastro

Preencha o formulário exibido na figura 4.3 com o seu nome completo e com o seu endereço de e-mail, depois escolha uma senha para a sua conta e clique no botão *"Criar conta"* para finalizar o processo de criação da sua conta na plataforma da Amazon.

Ao se logar pela primeira vez na plataforma de publicação da Amazon, seja utilizando uma conta pré-existente ou uma conta recém-criada, você terá que aceitar o contrato da plataforma o qual será exibido em uma janela sobrepondo a página inicial do sistema, conforme ilustrado na figura 4.4.

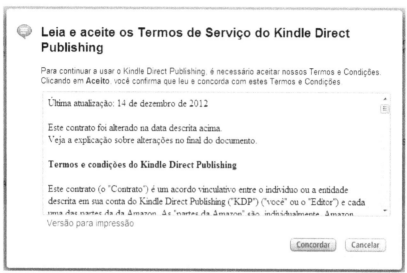

Figura 4.4 - Aceite o termo de uso

Clique no botão *"Concordar"* para finalizar a sua adesão à plataforma de publicação direta da Amazon.

Como configurar a sua conta no Amazon KDP

Logo após dar o aceite no termo de uso exibido na figura 4.4, você irá visualizar a tela inicial do sistema e irá reparar que no canto superior direito da tela existirá uma mensagem informando que as informações da sua conta estão incompletas, conforme ilustrado na pela figura 4.5.

Figura 4.5 - Atualize sua conta

Enquanto você não atualizar o seu cadastro, você não poderá publicar seu livro.

Para prosseguir com configuração da sua conta, clique na frase *"Atualizar agora"*.

Na tela seguinte o sistema irá lhe solicitar uma série de informações, começando pelas informações básicas do autor-editor, conforme ilustrado na figura 4.6.

Informações sobre empresa/editor

Nome completo/nome da empresa (O que é isto?)	
País	Brasil
Endereço linha 1	
Endereço linha 2 (opcional)	
Cidade	
Estado/província/região	
CEP/código postal	
Telefone	

Figura 4.6 - Informações básicas

Nesta parte do formulário você deverá entrar com o seu nome completo, seu endereço de correspondência e seu telefone de contato.

A figura 4.7 mostra a próxima seção do formulário, na qual você deverá informar as suas informações fiscais.

Informações fiscais

Digite suas informações de contribuinte do Brasil para receber pagamentos de conteúdo vendido na Amazon.

Nome do contribuinte (O que é isto?)	
Tipo de empresa	Pessoa física
CPF or CNPJ (O que é isto?)	Insira informações fiscais

Figura 4.7 - Informações fiscais

Preencha o campo *"Nome do contribuinte"* com o seu nome completo, selecione a opção *"Pessoa Física"* no campo *"Tipo de Empresa"*, e preencha o campo *"CPF or CNPJ"* com o número do seu CPF.

A próxima seção do formulário pode ser vista na figura 4.8, nesta etapa você deverá informar os dados da sua conta bancária na qual a Amazon deverá efetuar mensalmente o depósito dos seus royalties.

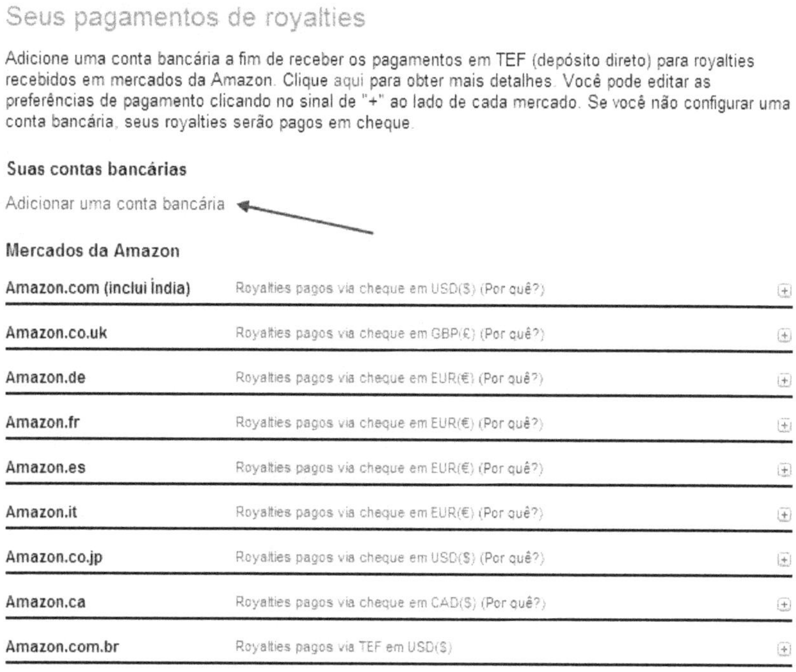

Seus pagamentos de royalties

Adicione uma conta bancária a fim de receber os pagamentos em TEF (depósito direto) para royalties recebidos em mercados da Amazon. Clique aqui para obter mais detalhes. Você pode editar as preferências de pagamento clicando no sinal de "+" ao lado de cada mercado. Se você não configurar uma conta bancária, seus royalties serão pagos em cheque.

Suas contas bancárias

Adicionar uma conta bancária ◄───────

Mercados da Amazon

Amazon.com (inclui Índia)	Royalties pagos via cheque em USD($) (Por quê?)	⊞
Amazon.co.uk	Royalties pagos via cheque em GBP(£) (Por quê?)	⊞
Amazon.de	Royalties pagos via cheque em EUR(€) (Por quê?)	⊞
Amazon.fr	Royalties pagos via cheque em EUR(€) (Por quê?)	⊞
Amazon.es	Royalties pagos via cheque em EUR(€) (Por quê?)	⊞
Amazon.it	Royalties pagos via cheque em EUR(€) (Por quê?)	⊞
Amazon.co.jp	Royalties pagos via cheque em USD($) (Por quê?)	⊞
Amazon.ca	Royalties pagos via cheque em CAD($) (Por quê?)	⊞
Amazon.com.br	Royalties pagos via TEF em USD($)	⊞

Figura 4.8 - Informações bancárias

Para informar a sua conta bancária, clique na frase *"Adicionar uma conta bancária"*.

Ao clicar nesta frase você irá visualizar a janela de diálogo exibida na figura 4.9

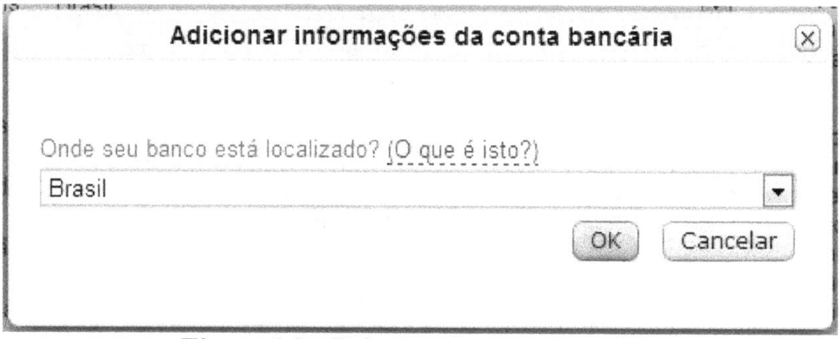

Adicionar informações da conta bancária ⊠

Onde seu banco está localizado? (O que é isto?)

Brasil ▼

OK   Cancelar

Figura 4.9 - Pais da sua conta bancária

47

Nesta tela você deverá informar o país no qual possui a sua conta bancária no campo *"Onde seu banco está localizado"*. Escolha a opção *"Brasil"*, e clique em *"OK"* para prosseguir.

Na sequência você irá visualizar a tela exibida na figura 4.10.

Adicionar informações da conta bancária [X]

Onde seu banco está localizado? (O que é isto?)

Brasil ▼

Nome do titular da conta (exatamente como aparece na conta) (O que é isto?)

Tipo de conta: ◉ Verificando ○ Economias

Número da conta: (O que é isto?)

Código do Banco (O que é isto?)   Código da Agência (O que é isto?)

Nome do banco

[Cancelar]   [Concluído]

Figura 4.10 - Dados da sua conta bancária

Preencha os campos desta tela com os dados da sua conta bancária.

Observe que em *"Tipo de conta"*, a opção *"Verificando"* foi traduzida de forma incorreta a partir do termo original em inglês *"Checking"*, e na verdade refere-se há uma conta corrente to tipo normal. A opção *"Economias"* se refere uma conta do tipo *"Poupança"*.

Depois que preencher todos os campos clique no botão *"Concluído"*.

Ao fazer isso você irá visualizar a mensagem exibida na figura 4.11 logo abaixo dos dados da conta corrente que acabou de cadastrar.

Você fez alterações em uma ou mais contas.
Essas configurações serão aplicadas quando você clicar em "Salvar" na parte inferior da página.

Figura 4.11 - Aviso para salvar as alterações

Para tornar as alterações no seu cadastro permanentes clique no botão *"Salvar"* que existe no final da página.

Ao clicar no botão "Salvar" você irá visualizar uma tela informando que o processo está em execução, como o mostrado na figura 4.12.

Figura 4.12 – Salvando as informações da conta

Quando o processo tiver estiver concluído, a mensagem exibida na figura 4.12 irá desaparecer e uma nova mensagem irá informar que o processo foi concluido, ela estará localizada no topo da página logo abaixo do texto "Sua Conta", esta mensagem pode ser vista na figura 4.13.

Sua conta

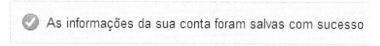

Figura 4.13 – Conta salva com sucesso

Por padrão os royalties referentes as vendas realizadas nos demais países será pago por meio de um cheque enviado ao seu endereço de correspondência, caso você possua uma conta bancária em algum dos outros países nos quais a Amazon está presente, você também poderá optar por receber seu pagamento pelas vendas realizadas nos mesmos por meio de transferências bancárias, para isto basta cadastrar as outras contas da mesma forma que fez com a sua conta brasileira.

Como publicar o seu livro para o Kindle

Agora que você finalizou a configuração da sua conta, você já está pronto para publicar seu livro.

A tela inicial do sistema é mostrada na figura 4.14 abaixo.

Figura 4.14 - Tela inicial do sistema KDP

Para iniciar o processo de publicação você deve clicar no botão *"Adicionar nova obra"*, ao fazer isto o sistema irá lhe apresentar uma sequência de 2 formulários que uma vez preenchidos disponibilizarão o seu livro para venda na loja online da Amazon.

A primeira decisão que você deverá tomar ao iniciar o processo de publicação de um novo livro é se ele irá fazer ou não parte do programa **KDP Select**.

Participar do programa é uma ótima forma de promover o seu livro e de atrair potenciais leitores.

Caso você opte por participar do programa, basta marcar a opção *"Cadastrar este livro no KDP Select"* na área do formulário ilustrada na figura 4.15.

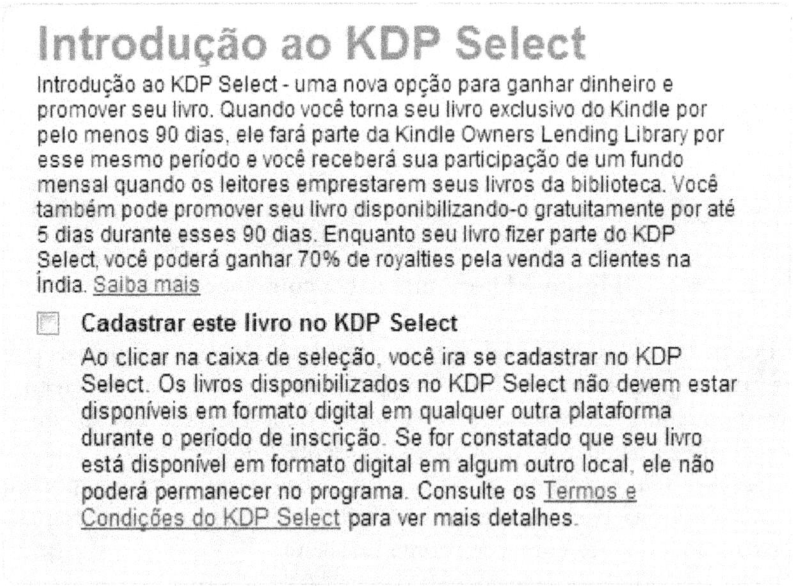

Introdução ao KDP Select

Introdução ao KDP Select - uma nova opção para ganhar dinheiro e promover seu livro. Quando você torna seu livro exclusivo do Kindle por pelo menos 90 dias, ele fará parte da Kindle Owners Lending Library por esse mesmo período e você receberá sua participação de um fundo mensal quando os leitores emprestarem seus livros da biblioteca. Você também pode promover seu livro disponibilizando-o gratuitamente por até 5 dias durante esses 90 dias. Enquanto seu livro fizer parte do KDP Select, você poderá ganhar 70% de royalties pela venda a clientes na Índia. Saiba mais

☐ **Cadastrar este livro no KDP Select**

Ao clicar na caixa de seleção, você ira se cadastrar no KDP Select. Os livros disponibilizados no KDP Select não devem estar disponíveis em formato digital em qualquer outra plataforma durante o período de inscrição. Se for constatado que seu livro está disponível em formato digital em algum outro local, ele não poderá permanecer no programa. Consulte os Termos e Condições do KDP Select para ver mais detalhes.

Figura 4.15 - Ativar o KDP Select

Não se preocupe caso precise de mais tempo para se decidir sobre a sua adesão, você poderá aderir ao programa a qualquer momento no futuro. Neste caso tenha em mente que o seu livro não poderá ser distribuído no formato de e-book em nenhuma outra plataforma, uma vez que o programa prevê uma exclusividade para a Amazon neste formato de distribuição por um período de 90 dias.

A próxima seção do formulário é destinada as informações básicas do seu livro e pode ser vista na figura 4.16.

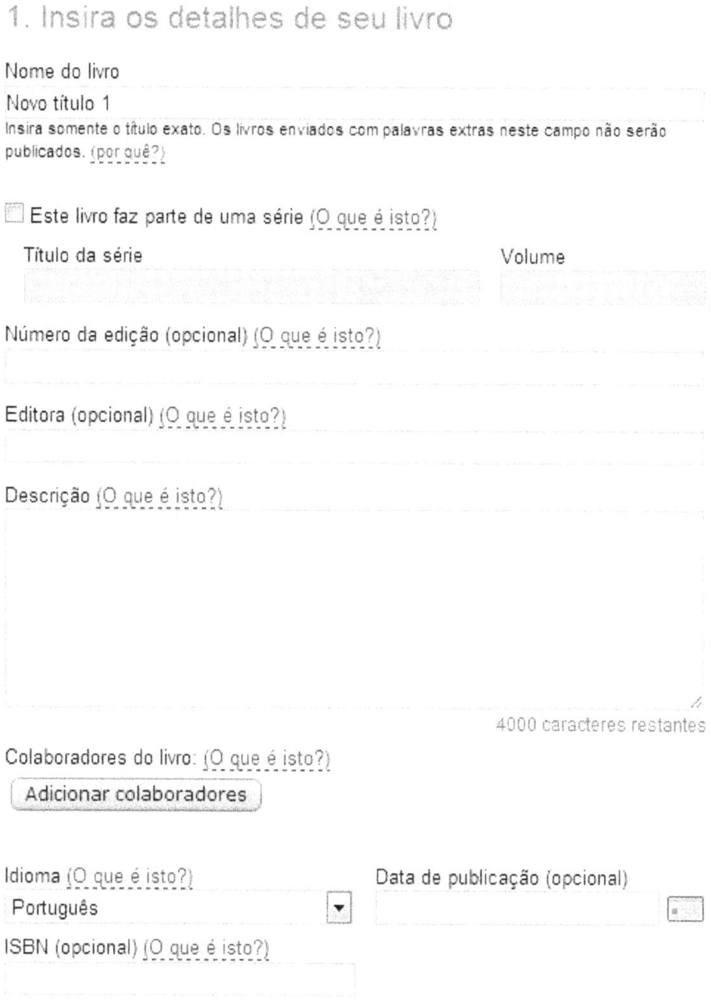

1. Insira os detalhes de seu livro

Nome do livro

Novo título 1

Insira somente o título exato. Os livros enviados com palavras extras neste campo não serão publicados. (por quê?)

☐ Este livro faz parte de uma série (O que é isto?)

Título da série   Volume

Número da edição (opcional) (O que é isto?)

Editora (opcional) (O que é isto?)

Descrição (O que é isto?)

4000 caracteres restantes

Colaboradores do livro: (O que é isto?)

[Adicionar colaboradores]

Idioma (O que é isto?)   Data de publicação (opcional)

Português ▾

ISBN (opcional) (O que é isto?)

Figura 4.16 - Informações básicas do livro

Nesta parte do formulário você deverá informar:

Título do seu livro, dedique algum tempo para escolher o título do seu livro, pois ele irá afetar de forma significativa as vendas do seu e-book.

Se o seu livro faz parte de uma série de livros (livros com conteúdo interligado), marque a opção correspondente e informe o título da série e o número do volume que corresponde a este livro que você está cadastrando.

Edição, se esta é a primeira vez em que publica esta obra utilize o número 1 neste campo.

Editora, se você está publicando o livro como pessoa física, este campo deverá ser preenchido com o seu nome completo.

51

Descrição, este campo suporta até 4.000 caracteres e é o espaço reservado para que você descreva o conteúdo do seu livro. Dedique algum tempo para criar este texto, pois ele será indexado pelo sistema de busca da loja online da Amazon e se bem escrito pode ajudar os seus potenciais leitores a encontrar o seu livro.

Colaboradores, é através deste campo do formulário que você irá declarar o nome do autor do livro. Para isto clique no botão *"Adicionar colaboradores"*, ao fazê-lo você irá visualizar a tela ilustrada na figura 4.17.

Preencha os campos apropriados com o seu nome e sobrenome e escolha a opção *"Autor"* no campo título. Caso você tenha outros colaboradores (coautores, tradutores, revisores, etc) clique no botão *"Adicionar outro"* para adicioná-los. Depois que terminar de cadastrar seus colaboradores clique no botão *"Salvar"* para fechar a tela e voltar para o formulário.

Figura 4.17 - Adicionar colaboradores

Idioma, informe o idioma no qual o seu livro foi escrito.

Data da publicação, é a data da primeira vez em que o livro foi publicado. Se esta é uma obra inédita, informe a data atual.

ISBN, caso você possua um ISBN para o seu livro informe-o neste campo. Este campo é opcional e você poderá adicionar um no futuro caso deseje.

A próxima seção do formulário pode ser vista na figura 4.18.

2. Confira seus direitos de publicação

Status dos direitos de publicação: (O que é isto?)

○ Esta é uma obra de domínio público.

◉ Esta não é uma obra de domínio público e eu tenho os direitos de publicação necessários.

Figura 4.18 - Direitos de publicação

Nesta parte do formulário você deverá informar se o livro que está sendo publicado é uma obra de domínio público ou se é uma obra criada por você. Escolha a opção apropriada ao seu caso.

A próxima seção do formulário pode ser vista na figura 4.19

52

3. Direcione seu livro aos clientes

Figura 4.19 - Direcione seu livro

Nesta parte do formulário você deverá escolher as categorias nas quais o seu livro deverá ser listado na loja online, para efetuar esta associação basta clicar no botão *"Adicionar categorias"*.

Ao fazê-lo você irá visualizar a tela exibida na figura 4.20.

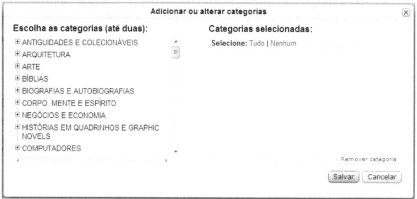

Figura 4.20 - Escolha 2 categorias

Nesta tela você poderá escolher no máximo 2 categorias. Depois de escolher as categorias mais apropriadas, clique no botão *"Salvar"*, para voltar ao formulário.

Neste passo você também deverá escolher até 7 palavras chaves, as quais serão associadas ao seu livro, fazendo com que ele seja listado nos resultados de busca sempre que estas palavras forem buscadas pelos usuários.

Digite as palavras que você escolheu no campo *"Palavras-chave de pesquisa"*, separando-as com uma vírgula.

Escolha com sabedoria as categorias e as palavras chaves que estarão associadas ao seu livro, pois elas irão impactar significativamente as suas vendas. Se o seu público alvo não conseguir encontrar o seu livro, você não irá vender.

Você pode alterar as categorias e as palavras chaves que escolheu a qualquer momento, mesmo depois que o livro tiver sido disponibilizado na loja. Se você constatar que o seu livro não está vendendo bem, experimente listá-lo em outras categorias ou então altere as palavras chaves associadas a ele.

A próxima seção do formulário pode ser vista na figura 4.21.

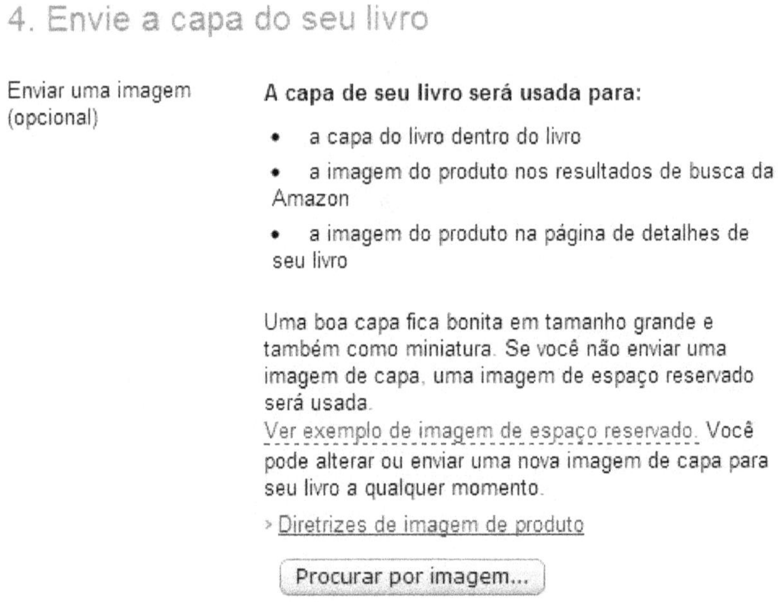

4. Envie a capa do seu livro

Enviar uma imagem (opcional)

A capa de seu livro será usada para:

- a capa do livro dentro do livro
- a imagem do produto nos resultados de busca da Amazon
- a imagem do produto na página de detalhes de seu livro

Uma boa capa fica bonita em tamanho grande e também como miniatura. Se você não enviar uma imagem de capa, uma imagem de espaço reservado será usada.
Ver exemplo de imagem de espaço reservado. Você pode alterar ou enviar uma nova imagem de capa para seu livro a qualquer momento.

> Diretrizes de imagem de produto

Procurar por imagem...

Figura 4.21 - Envie a capa do seu livro

Nesta parte do formulário você deverá efetuar o upload da imagem que será utilizada como capa para o seu livro.

Para isto clique no botão ***"Procurar por imagem..."***, ao clicar no botão você irá visualizar a tela exibida na figura 4.22.

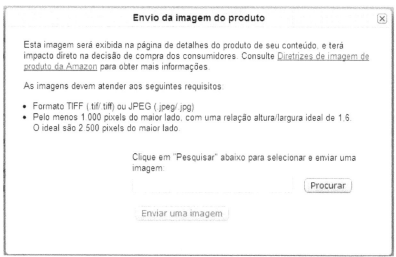

Figura 4.22 - Escolha uma imagem

Esta tela traz algumas informações importantes sobre o formato da imagem que você deve enviar.

Para proceder com o upload da sua imagem clique no botão ***"Procurar"***.

Ao fazer isto você irá visualizar uma tela de sistema, através da qual você poderá selecionar a imagem desejada. Depois de selecionar o arquivo com a imagem da sua capa clique no botão ***"Abrir"*** e na sequência clique no botão ***"Enviar uma imagem"*** para concluir o processo de upload.

Caso deseje você poderá alterar a imagem de capa do seu livro a qualquer momento no futuro.

A próxima seção do formulário pode ser vista na figura 4.23.

5. Envie o arquivo do seu livro

Selecione uma opção de gerenciamento de direitos digitais (DRM): (O que é isto?)

○ Ativar o gerenciamento de direitos digitais

◉ Não ativar o gerenciamento de direitos digitais

Arquivo do conteúdo do livro:

> Procurar por livro...

> Conheça as diretrizes de conteúdo do KDP

> Enviar um livro

> Ajuda com a formatação

Figura 4.23 - Faça upload do seu livro

Esta é a parte do formulário na qual você irá efetuar o upload do arquivo com o seu livro em formato HTML ou ZIP para ser convertido e disponibilizado na plataforma da Amazon.

Antes de enviar o seu livro você deverá decidir se deseja habilitar ou não o gerenciamento de direitos autorais para ele. Um livro com DRM habilitado só poderá ser visualizado em Kindle registrado na conta da pessoa que o comprou, enquanto que um livro sem DRM poderá ser compartilhado livremente pelo comprador.

Ambas as opções possuem prós e contras, e você deve escolher com cuidado, pois esta opção não poderá ser alterada no futuro. Na dúvida habilite o uso do DRM.

Somente após a sua decisão por habilitar ou não o uso de DRM para o seu livro, é que o upload do mesmo será permitido pelo sistema.

Para enviar o seu livro você deverá clicar no botão *"Procurar por livro..."*, ao fazê-lo você irá visualizar uma tela de sistema através da qual você poderá escolher o arquivo contendo o seu livro, o qual será um arquivo HTML ou um arquivo ZIP caso o seu livro contenha imagens.

Depois de escolher o arquivo do livro, clique no botão *"Abrir"* da janela de sistema e execute o upload clicando no botão *"Enviar um livro"*.

O processo de conversão do seu livro para o formato de e-book terá inicio imediatamente após o término do upload, quando o processo finalizar você irá visualizar uma mensagem como a mostrada na figura 4.24.

✅ Envio e conversão bem-sucedidos!

Figura 4.24 - Upload e conversão efetuados com sucesso

Logo abaixo da mensagem você irá visualizar a próxima seção do formulário, exibida na figura 4.25. Esta parte do formulário só se tornará visível depois que você completar com sucesso o processo de upload e conversão.

6. Visualização de seu livro

A visualização de seu livro faz parte do processo de publicação e é a melhor maneira de garantir que seus leitores tenham uma boa experiência e vejam o livro da maneira como você quer que eles vejam. O KDP oferece duas opções de visualização do livro, dependendo de sua necessidade. Qual devo usar?

Visualizador on-line

Para a maioria dos usuários, o visualizador on-line é a melhor e mais fácil maneira de visualizar seu conteúdo. O visualizador on-line permite que você visualize a maioria dos livros como aparecerão no Kindle, Kindle Fire, iPad e iPhone. Se seu livro tem layout fixo (para mais informações sobre layout fixo, consulte as Diretrizes de Publicação do Kindle), o visualizador on-line exibirá seu livro como ele aparecerá no Kindle Fire.

Visualizar livro

Visualizador para download

Se você quiser visualizar seu livro no Kindle Touch ou Kindle DX, você precisará do visualizador para download

Instruções
> Baixar arquivo de visualização do livro
> Baixar visualizador: Windows | Mac

4.25 - Visualize seu livro

Nesta etapa do processo a Amazon espera que você efetue uma revisão do resultado final da conversão do seu livro.

O arquivo gerado pode ser visualizado diretamente no seu navegador web, para isto você deve clicar no botão *"Visualizar livro"*.

Ao fazê-lo você irá visualizar uma tela como a exibida na figura 4.26, através da qual você poderá pré-visualizar o arquivo convertido da mesma forma como você fez anteriormente pelo aplicativo Kindle Previewer.

Figura 4.26 - Versão web do pré-visualizador de livros

Caso prefira efetuar a revisão final usando o Kindle Previewer, basta efetuar o download do livro convertido pelo link disponibilizado na seção *"Visualizador para download"*.

Se você já havia revisado seu livro utilizando o Kindle Previewer antes de enviá-lo para a Amazon, você não deverá encontrar nenhum problema na apresentação do arquivo que foi gerado.

Se você encontrar algum problema com o arquivo gerado, efetue as correções necessárias no seu original em formato MS Word, exporte novamente o arquivo para o formato HTML e se necessário gere um novo arquivo ZIP. Depois execute um novo upload, aguarde a finalização do processo de conversão e revise novamente o seu e-book.

Repita este processo até estar satisfeito com o resultado final da conversão.

Quando tiver terminado o processo de revisão e estiver satisfeito com o arquivo gerado pelo sistema, clique no botão *"Salvar e Continuar"* para passar para a etapa final do processo de publicação.

A primeira seção do formulário nesta segunda e última etapa do processo de publicação pode ser vista na figura 4.27.

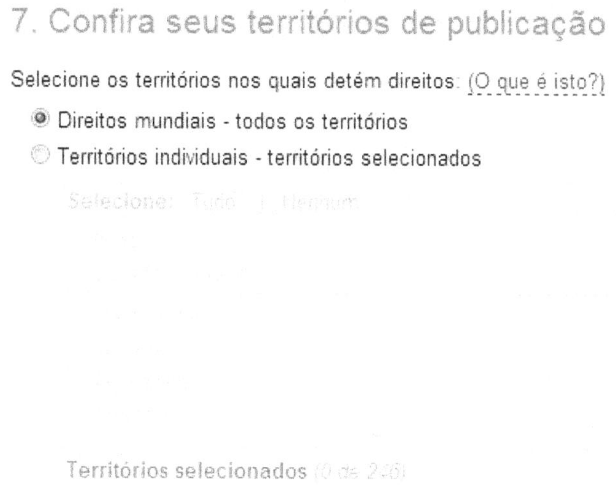

7. Confira seus territórios de publicação

Selecione os territórios nos quais detém direitos: (O que é isto?)

- Direitos mundiais - todos os territórios
- Territórios individuais - territórios selecionados

Selecione: Tudo   Nenhum

Territórios selecionados (0 de 226)

Figura 4.27 - Territórios de publicação

Nesta parte do formulário você deverá informar em quais territórios você detém os direitos de publicação do seu livro.

Escolha a opção apropriada para o seu caso. Se você é o autor do livro e não vendeu ou cedeu os direitos sobre o mesmo para nenhuma editora no passado selecione a opção *"Direitos Mundiais"*.

A próxima seção do formulário pode ser vista na figura 4.28

8. Escolha seu royalty

Selecione uma opção de royaltie para seu livro. (O que é isto?)

◯ Royalties de 35%

◉ Royalties de 70%

	Preço sugerido	Taxa de royalties	Custos de entrega	Royalties estimados
Amazon.com	$ 3,00 USD Deve estar entre $2,99 e $9,99	35% (por quê?) 70%	n/a $0,01	$1,05 $2,09

Figura 4.28 - Opção de Royalty

Nesta parte do formulário você deverá decidir se deseja receber 35% ou 70% de royalties.

Caso você opte por receber 70%, o valor do seu livro deverá obrigatoriamente ficar entre R$ 5,99 e R$ 24,99 para o mercado brasileiro (e US$ 2,99 e US$ 9,99 para o mercado americano) e ele ficará compulsoriamente liberado para empréstimo por parte dos compradores.

Caso você opte pela opção de 35% você poderá praticar o preço que desejar e terá a opção de permitir ou não que os compradores emprestem o seu livro para outras pessoas.

Você poderá definir manualmente o preço do seu livro em cada um dos países nos quais a Amazon está presente, caso prefira você poderá informar apenas o valor em dólar do livro na loja dos EUA e habilitar a configuração automática de preços para os demais países, no caso do Brasil basta habilitar a opção "Configure os preços brasileiros baseados automaticamente nos preços dos EUA", no campo referente aos preços do livro na Amazon.com.br, exibida na figura 4.29.

Figura 4.29 - Defina o preço para o Brasil

Esta parte do formulário também informa na coluna *"Royalties estimados"* qual o valor de royalties que você irá receber por cada venda do seu livro em cada um dos países nos quais ele será comercializado. Lembre-se que este valor é calculado multiplicando-se o percentual escolhido de royalties pelo preço de venda subtraído do custo de entrega do livro. O custo de entrega de um livro vendido na loja brasileira da Amazon é de R$ 0,30 por MB.

A próxima etapa do formulário pode ser vista na figura 4.30.

9. Empréstimo de livros do Kindle

☑ Permitir empréstimos para este livro (detalhes)

Figura 4.30 - Empréstimo de livros

Caso você tenha optado pelo royalty de 70% você não irá conseguir desabilitar a opção de empréstimo, e os compradores do seu livro poderão emprestá-lo para outras pessoas.

Manter o seu livro habilitado para empréstimo pode ajudá-lo a conquistar novos leitores.

A figura 4.31 mostra a última etapa do processo de publicação.

☑ Ao clicar em Salvar e Publicar, abaixo, eu confirmo que tenho todos os direitos necessários para disponibilizar o conteúdo que estou enviando para comercialização, distribuição e venda em todos os territórios que indiquei acima, e que estou de acordo com os Termos e Condições do KDP

<< Voltar para sua Estante   [Salvar e publicar] [Salvar para depois]

Figura 4.31 - Finalize a publicação

Você deve marcar a opção exibida na figura 4.31 pela qual você confirma que possui todos os direitos necessários para comercializar a obra em questão e pela qual você também declara que está de acordo com os termos e condições que regem o sistema de publicação direta da Amazon.

Para finalizar a publicação do seu livro clique no botão *"Salvar e publicar"*.

Parabéns! Você acaba de publicar e disponibilizar o seu e-book para venda na loja online da Amazon.

O seu livro começará a ser exibido na loja em no máximo 48 horas.

Boas vendas!

ANEXOS

ANEXO I - COMO OBTER UM CÓDIGO ISBN

Você não precisa ter um ISBN para publicar um livro na plataforma da Amazon, porém é recomendado que você obtenha um, pois o mesmo irá auxiliar os usuários a localizar e a identificar com precisão o seu livro na loja.

O ISBN (International Standard Book Number) foi criado em 1967 e oficializado como norma internacional em 1972, este sistema identifica numericamente os livros de acordo com o título, o autor, o país e a editora de uma obra.

Um mesmo livro terá um número ISBN diferente para cada edição e para cada formato no qual o livro vier a ser publicado.

No Brasil a função de atribuição de um número de ISBN é da Agência Brasileira do ISBN, a qual é vinculada a Fundação Biblioteca Nacional.

Para solicitar um ISBN o autor deverá primeiramente se cadastrar como editor-autor como junto à agência.

No ato do cadastro como editor-autor você terá obrigatoriamente que publicar um livro. Existe um custo de R$ 180 para se cadastrar e um custo adicional de R$ 12 para cada número ISBN que solicitar.

Para se cadastrar o autor deverá reunir uma cópia impressa dos seguintes documentos:

- *Formulário de cadastramento como editor,* disponível para download em http://goo.gl/XCltK
- *Formulário de solicitação do ISBN* para o livro que está publicando no ato do cadastro, disponível para download em http://goo.gl/uENcF
- *Folha de rosto para a obra* preparada seguindo o modelo disponível em http://goo.gl/1JOJh
- *Cópia Xerox do seu CPF*
- *Comprovante original do pagamento da taxa de cadastramento e de requisição do ISBN,* de acordo com o preço vigente na tabela disponível no URL http://goo.gl/9JNCM. As taxas devem ser pagas seguindo o procedimento de descrito no URL http://goo.gl/5jyCI

E entregá-los pessoalmente ou por correio ao escritório da agência, no endereço:

FUNDAÇÃO BIBLIOTECA NACIONAL
AGÊNCIA BRASILEIRA DO ISBN
ANDRÉA COÊLHO DE SOUZA
Rua Debret, 23, sala 803 - Centro
Rio de Janeiro - RJ - CEP 20030-080
TEL.: (21) 2220-1707 / 2220-1683 / 2220-1981
FAX: (21) 2220-1702
E-MAIL: isbn@bn.br

Após o recebimento dos documentos pela agência, o prazo para analise e emissão do número ISBN é de 5 dias úteis.

Recomendo que você consulte o manual disponível em **http://goo.gl/yI7kL** para saber como preencher corretamente o formulário de requisição do ISBN.

Para o preenchimento você também irá precisar da Tabela de Códigos dos Assuntos (**http://goo.gl/kgkmi**) e da Tabela de Idiomas (**http://goo.gl/B8kGe**).

Maiores informações podem ser obtidas diretamente no site da Agência Brasileira do ISBN, o qual pode ser acessado pelo URL abaixo:

http://www.isbn.bn.br

ANEXO II - COMO REGISTRAR O SEU LIVRO

Você deverá apresentar o seu original para registro e averbação junto ao Escritório de Direitos Autorais (EDA) mantido pela Fundação Biblioteca Nacional para garantir o reconhecimento da sua autoria, protegendo desta forma os seus direitos morais e patrimoniais, bem como estabelecendo os prazos legais de proteção da sua obra.

O custo de registro de uma obra intelectual por pessoas físicas é de R$ 20.

Para proceder com o registro o autor deverá reunir uma cópia impressa dos seguintes documentos:

- *Formulário de Requerimento de Registro*, disponível em http://goo.gl/QHKKm , preenchido de acordo com as instruções disponibilizadas em http://goo.gl/kEI6x e http://goo.gl/9X6ZG
- *Cópia Xerox do RG e CPF do autor*
- *Cópia do comprovante de residência* do endereço utilizado no preenchimento do formulário de requerimento
- *Comprovante original de pagamento da taxa de registro*, recolhida por meio de GRU (Guia de Recolhimento da União), a qual pode ser gerada na URL http://goo.gl/mnqaH
- *Cópia impressa integral da obra* que está sendo apresentada para registro, a qual deverá estar com todas as páginas numeradas e rubricadas pelo autor.

Os documentos acima deverão ser encaminhados por correio para a sede do Escritório de Direitos Autorais:

Escritório de Direitos Autorais (Sede)
Rua da Imprensa, 16/12º andar - sala 1205 - Castelo
Rio de Janeiro - 20030-120
Tel: (21) 2220-0039 / 2262-0017 Fax: (21) 2240-9179

Ou então apresentados pessoalmente em um dos postos estaduais num dos seguintes endereços:

Bahia – BA
BIBLIOTECA PÚBLICA DA BAHIA
Rua General Labatut, 27, 3° andar, Barris
Salvador, CEP: 40070-100
Tel: (71) 3117-6064 Fax: (71) 3328-3940

Brasília – DF
BIBLIOTECA DEMONSTRATIVA DE BRASÍLIA
Maria da Conceição Moreira Salles
Av. 3W Sul - EQS 506/507, s/n°
Brasília - CEP: 70350-580
Tel: (61) 3244-1361 Fax: (61) 3443-3163

Espírito Santo – ES
UNIVERSIDADE FEDERAL DO ESPÍRITO SANTO
Av .Fernando Ferrari, 514 Goiabeiras - Campus Universitário
Vitória, CEP: 29060-900
Tel: (27) 3335-2370, 3335-2375 Fax: (27) 3335-2378

Mato Grosso – MT
Unic - UNIVERSIDADE DE CUIABÁ
Av. Beira Rio 3100 Grande Terceiro
Cuiabá, CEP: 78065-700
Tel: (65) 3363-1179 Fax: (65) 3363-1176

Minas Gerais – MG
Biblioteca Publica Municipal Bernardo Guimarães
Rua Alaor Prata, 317 - Centro
Uberaba - MG CEP: 38015-010
Tel: (34) 3332-1900

Paraná – PR
BIBLIOTECA PÚBLICA DO PARANÁ
Rua Cândido Lopes, 133 Centro
Curitiba, CEP: 80020-901
Tel: (41) 3221-4900 Fax: (41) 3224-0575, 225-6883

Pernambuco - PE
Biblioteca Pública do Estado de Pernambuco
Rua João Lira, s/n° Bairro Santo Amaro
Recife, CEP: 50050-550
Tel: (81) 3181-2649 Fax: (81) 3181-2640

Santa Catarina - SC
UNIVERSIDADE DO ESTADO DE SANTA CATARINA - UDESC
Av. Madre Benvenuta, 2007
Florianópolis CEP: 88.035-001
Tel: (48) 9142 5812.

São Paulo - SP
Alameda Nothmann, 1058 Campos Elíseos
São Paulo, CEP: 01216-001
Horário de atendimento de 10:00 às 16:00 horas.
Tel: (11) 3825-5249

Maiores informações podem ser obtidas diretamente no website do Escritório de Direitos Autorais, o qual pode ser acessado pelo URL **http://goo.gl/1MAaN**

Para compreender melhor como funciona o direito autoral no Brasil, recomendo a leitura dos seguintes documentos:

- Lei do Direito Autoral, n° 9.610, de 19/fev/1998 - **http://goo.gl/ZdQ0J**
- Norma vigente do EDA para realizar registro/ou averbação de obras intelectuais - **http://goo.gl/XxVTC**

SOBRE O AUTOR

Edson Brandi é formado em Química pela Universidade Estadual de Campinas e trabalha em empresas do segmento de Internet desde 1996. Ao longo dos últimos anos passou pelos principais portais de Internet do Brasil, nos quais ocupou cargos de liderança nas áreas de Infra Estrutura e Acesso, Tecnologia da Informação e de Produtos. Atualmente é Diretor de Tecnologia de Internet no portal R7.com.

É um dos mais reconhecidos nomes da comunidade de usuários FreeBSD no Brasil, sendo um dos fundadores do "Grupo de Usuários FreeBSD no Brasil, FUG-BR". Ele participa ativamente do Projeto FreeBSD, sendo o committer responsável pelo projeto de tradução da documentação oficial para o português brasileiro.

No Blog do Brandi (http://blog.ebrandi.eti.br) ele escreve sobre os mais variados assuntos, abordando temas da atualidade relacionados a área de Tecnologia, Internet, Segurança da Informação, Administração de Sistemas, Literatura, Mercado Financeiro dentre muitos outros.

O autor mantém uma lista de discussão destinada a troca de informações e experiências entre autores interessados em publicar seus livros na plataforma de e-books da Amazon. Caso queira participar se inscreva através da seção **Kindle-L** no endereço http://kindle.primeirospassos.org.

O currículo completo do autor por ser consultado pelo LinkedIn no endereço http://edsonbrandi.com